JN438583

시인의 바다

우리를 위한 독백

시인의 바다 | 제15집 | -2017-

SEA OF POET
- Life is Beautiful Peoples -

한국바다문인협회

최영화 곽정순 양영택 전인숙 안강로
남여울 이근복 공의식 염은미 송효근
김영태 이상호 염기식 방혜숙 기 욱
이정선 연용옥 김복녀 이정석

도서출판 천우

| 발간사 |

우리를 위한 독백

자유동인으로 출발하여 어느덧 15년의 세월이 흘렀습니다.

처음 동인지를 발간하던 그때 그 설렘이 퇴색되진 않았는가?

발간 때마다 점검하고 점검하면서 지나온 세월이 그리움으로 남은 지금 시를 대할 때마다 항상 얼굴 성형하듯 만지고 고치고 다듬고 때로는 입덧처럼 구토를 하면서 괴로운 시 쓰기를 한 세월이 열다섯의 나이가 되었습니다. 고등학교를 진학하는 반항아처럼 또는 사회로 뛰어드는 설렘의 두근거림으로 가슴속에서 샘물처럼 퐁퐁 솟는 기쁨이란 말로 표현하기 어렵고 우여곡절도 있었지만 끝까지 동인으로서 책무와 아낌없는 성원을 보태주신 회원들께 감사드립니다.

선남선녀의 주옥같은 작품을 보면서 나도 몰래 빙긋 웃음이 나는 건 우리 동인의 수준이 상승하고 있다는 기쁨의 표시가 아닐까, 스스로 자축해 봅니다.

우리는 시로 뭉친 시의 전사들입니다.

작품세계의 처절한 훈련과 자연이 가르쳐주는 말이 무엇인지 제대로 알아듣고 기록하는 일 그것은 어떤 인문학보다 숭고하고 정의로운 것이기에 혼신을 다하고 오직 자유와 진실만 기록하면서 사람들의 가슴에 길이 남을 명작을 완성하는 날까지 우리 동인들은 더 노력하고 더 공부

하며 더 자연에 다가갈 수 있도록 노력할 것입니다.

이제 15년의 마지막 길목에서 『우리를 위한 독백』을 펴내면서 또 한 해의 갈고닦은 실력을 기록으로 남기고 내년엔 더 좋은, 더 나은 작품을 남길 것을 약속드리면서 올해의 작품이 어떤 한 기록으로 보존되리라 믿습니다.

참여하신 동인 여러분께 감사드리며 이 책을 구입하신 독자 여러분께도 감사드립니다. 더불어 '지켜봐 주십시오. 더욱 성장하는 바다문인협회 동인이 될 것입니다.' 라는 힘찬 포부의 말씀도 드립니다.

어쩌면 우리는 자연 우주 삼라만상의 들리지 않는 소리를 듣고 보이지 않는 바람의 글씨를 읽으며 가장 자연에 가까운 음성과 자연에 동화되는 소리를 들려주려 많은 고민을 합니다. 그리고 수없는 어루만짐으로 천둥소리가 어울림으로, 번쩍거리는 번개가 들림으로, 또 고요한 바람 소리가 천둥의 외침으로, 가을 단풍이 번개의 시각이 되어 앞으로도 더 세밀하고 정확한 자연의 가르침을 숭배하려 합니다.

동인 여러분 수고 많으셨습니다.

2017년 가을에

한국바다문인협회

회장 **공 의 식**

Contents

2부 <<< 71

Contents

01부

>>>

내 가슴 속 신작로

거친 자취 남은 이 길에

까맣게 세월 태운

타마구(tarmac)를 펼친다

이제 신작로다 뻥 뚫린 신작로다

아물어 갈 내 영혼이

혼신으로 달음질할.

영화
정순
양영택
전인숙
안강로
남여울

好世 최 영 화
choeyh33@hanmail.net

- 서울 출생(1933년)
- 한국바다문인협회 회원
- 제10회 한국HRD대상 특별공로상 수상 (2012년)
- 시집 『단 하나 남은 그리움』

계향 곽 정 순

- 한국바다문인협회 회원
- 1998년 수지문학 동인지 창간호
- 동인지 『내 허락 없인 아프지도 마』 외 다수

양 영 택
everyday1854@hanmail.net

- 경기도 산본 출생
- 한국바다문인협회 회원

허공 전 인 숙

- 강원도 영월 출생
- 한국바다문인협회 회원
- 동인지 『풍경문학』(2014년, 2015년)

안 강 로

- 충남 청양 출생
- 월간 『문학세계』 시 부문 등단
- 한국바다문인협회 회원
- 동인지 『비움의 향기』 외 다수
- 대전 탄방동에서 직화구이 연탄집 (맘논곳) 운영

남 여 울

- 충북 진천 출생
- 월간 『문학세계』 시 부문 등단
- 한국문인협회 회원
- (사)세계문인협회 회원
- 한국바다문인협회 회원
- 동인지 『비움의 향기』 외 다수

好世 최영화

| 시작노트 |

세월은 쏜살같이 흐르고
뮤즈의 샘은 말라만 간다.

샘이 마르면서부터는
샘물이 고이기를
초조하게 기다린다.

표주박으로 닥닥 긁어 담아도
해갈하기에는 턱없이 감질난다.

목마름을 참으며
알뜰하게 긁어 담은
몇 모금의 물

'상상해갈'이라도 맛보고 싶다.

입춘첩

好世 최 영 화

엄동 추위 문을 닫고
입춘 새 절기 큰 대문 열리네

입춘대길, 건양다경 입춘첩 붙여 놓고
수여산(壽如山) 부여해(富如海) 축원이
입춘 세시풍속 전부인 줄 알았더니
남모르게 하는 입춘 적선공덕행(積善功德行) 있어야
한 해 액을 면하는 줄 몰랐네

"입춘 날 절기 좋은 철에 헐벗은 이
옷을 주어 구난공덕(救難功德) 하였는가"
예사롭게 흘려버린 상엿소리 천둥으로 울리네

옷깃 여미고 따뜻한 마음으로 먹을 갈아
올해 입춘첩은 "구난공덕" 붙이려네

늙은 아비의 밀주(密呪)

늙어지면 이렇게 불편하고
아픈 데가 많을 줄 몰랐다

누구에게 일일이 어디가 불편하고
아프다고 말할 수도 없다

불편하신 아버님 얼굴 떠오른다
"아버지. 어디 편찮으세요?"
"아니다. 어서 나가 일 봐라."

'불편하고 아픈 데를 다 말 할 수 없단다.
그리고 말해도 네가 이해할 수도 없고
이해한다고 해도 별수가 없단다.'

이것이 아버님 말씀의 참뜻이었다는 것을
아버님 떠나시고
오랜 세월 흐른 지금에야 알아듣는다

늙어 가면서 불편하고 아픈 것은
늙은이에게 주어진 인고의 수행

아마도 이 수행길을 잘 닦아야
고종명(考終命)에 이르나 보다

나도 아버님처럼 말하리라
"아니다, 어서 나가 일 봐라"
이것이야말로 인고의 수행
늙은 아비의 간절한 밀주인 것을

매미 울음 들으며

매암 매암 매암—
고막의 진동은
아득히 흘러간
여름방학 되살린다

어설피 얽은
매미채 들고
살구나무 살금살금

"방학 숙제 다 했니?"
어머니 목소리 들린다

개학 날 다가오는데
숙제 못 한 초조감
지금도 졸여온다

황혼길 접어들어
사람살이 숙제
아직도 못다 한 채

초조에 졸이는
매미 울음 들으며
여름은 쫓기듯 또 가나 보다
매암 매암 매암—

하얀 종이 한 장

하얀 종이 한 장에서
푸른 숲
아름드리나무
잦아든 물을 보오

하얀 종이 한 장에서
뜨거운 햇볕 기운
나뭇가지 흔드는
바람 소리 듣소

하얀 종이 한 장에서
펄프 공장 기계 소리
이마에 흐르는
땀방울 얼룩지오

하얀 종이 한 장
구겨버릴 폐지 한 장
삼라만상 엮이었소

만상 한 얼개
그 위에 글 씀 또한
얼개의 엮음이니
하얀 종이 한 장
붓끝 고르게 다듬으려오

떠나는 가을에 부쳐

노랗게 붉게
물든 가지
아롱진 잔영
망막에 버려두고
가을은 또 떠나려 하나

사늘한 하늘
쌀쌀한 바람
흰 머리 날리며
갈대는 우수수
가을 배웅 채비를 한다

겨울 지나 봄 오고 여름 가면
가을은 또 오련마는
돌아오지 않을 가을인 양
보내기 싫어 하얘진 입김

강물에 얼룩진 붉은 낙조
그림자 늘이며
겨울 철새 날아간다

사랑

부드러운 빛
따스한 온기
향기로운 내음

오랜 기다림은
낮은 데로 흐르고
미소한 고동(鼓動) 빚어낸
착한 선혈 한 방울

만년 지각(地殼)
검은 바위 뚫고
붉게 끓는
용암을 분출하다

귀울이

야단치는 어머니 목소리
역성드는 할머니 목소리

B-29 공습
사이렌 소리

대한독립만세 소리
보신각 인경 소리

탱크의 굉음
쌕쌕이의 파열음

시위대의 함성
최루탄 터지는 외마디 소리

분홍색 속삭임
결혼행진곡 주악 소리

신생아 울음소리
재롱잔치 노랫소리

임종경 흐느낌
상여꾼 요령 소리

소리소리 한 울림
덕지덕지 딱지 져서
까맣게 응축된
평생 울림

허리 굽은 달팽이관
어둔 밤 바래가며
맴도는 귀울이
몹시도 어지럽다

계향 곽정순

| 시 작 노 트 |

푸르른 하늘이 그곳에 있어
때론 광대한 야망을 품은 인간적 욕망을
펼쳐 냅니다

높고 낮은 산이 이곳에 있어
나는 모험을 즐겨 시원한 바람과 마주 섭니다
광활한 들판을 겁나게 달려와서야
삶이 아름다움을 알게 되었습니다

회갑이 되어서 인생을 다채롭게
가꾸려고 합니다

가을

계향 곽 정 순

반년을 잊은 채 지내다가
산언덕 키 큰 밤나무가
꺽다리마냥 서 있기에
욕심 두둑이 밤송이를 가늠해보니
아이쿠
이른 여름부터 푹 고아내던 열기에
지쳐 있었다는 것을 가늠케 했다
벌어진 송이에서 떨어진 알은 제법 굵다
작년
반의 반도 안 되는 밤을 푸욱 쪄내고 보니
가을이 식탁에 앉아 풍성해졌다

발밑에 무수한 생명들이 있다

올려다봤어
키 큰 나무 넘실거리는 잎 사이로 살랑이던 바람과
해를 가린 구름 아래 잠자리 떼 군무
강가에 하루살이 떼
잔잔히 흐르는 물줄기 위에 나룻배가 지나고 있지

들녘을 봤어
하늘거리는 코스모스
길가에 늘어선 붉은 칸나꽃
그 곳에 벌이 노닐고 나비가 춤추지
논두렁길
그 논에 익어가는 황금 알곡 사이를 메뚜기가 뛰었지
풀숲에 여치가 노래하고
귀뚜라미가 울고, 개미가 짐을 나르고 있지

산다는 건
놀이터 아이들 웃음소리만큼 정겨운 풍경이며
만물의 영장이 가진 쾌락이지
만물은 살아 숨 쉬고 일하며
즐거움을 찾는 거다

그것이 삶이거니
그래서 순리이거니
그러나
하늘만 올려다보며 더 높이 오르기만 원했던 욕망을
오늘은 풀잎에 내려놓겠다

부산 연가

해운대 아침은 피서객 몇
모래 위 발자국을 남기고 갑니다
낮은 구름과 맞닿은 지평선 위에 해운 함선과
무역선과 작은 섬과
등대 이야기
구름에 가리운 아침 해와 소나기
하늘 그 중간층에 거니는 사람들의 사유는
본능적 자유로움 그 자체 해변 풍경입니다
바다에 떠가는 목선과
저 멀리 여객선에 몸 실은 객은
저마다 애수 어린 추억을 담거나
바람에 실어 날려 보내겠지만
넘실대던 파도의 외침은
내면에 묵은 응어리를 푸는 신음이거니
바다 내음에
그리운 향수가 피어오를 때면
과거 애섧은 인연으로
못다 한 향기에 취해보려 함이니
오늘 기차와 바다와 나는
태종대에서 벽안의 나라로
회상의 나래를 펼쳐내고 있습니다

애 업은 망부석

해풍에 밀려오는 바다는
모래무지 언덕을 넘나들며
그리움 한 줌 덜어

세찬 파도에 담금질 쳐 대면
자갈들의 거친 숨소리
애끓는 저녁 서해 바다는
해당화만큼이나 붉다

동여맨 포대기 속에
식어간 숨결이여
그리움에 아득한 세월을
부숴내고 싶다

대통령 선거

시대를 아우르는
역사의 파도는 언제나 풍랑이 일고 있었다

칼날의 예리함이 기둥뿌리를 통째로 자르는 힘도
끊임없이 야망에 사르던 불꽃도 사그라지지 않았다
이념에 대응하던 무리와
또 다른 무리
갈등을 해소하려는 새 대통령의 의지가 부디
나라의 안위와 융성을 이끌어 주길 간절히 기도한다

시대는 흐르는 강물처럼 유유한데
삶은 한없이 격동의 포화에 휩싸여
세상은 이념 속에 앓고 있다
그러나
젊게 힘내어라
허약한 청년들아
힘차게 일어나 행복한 미래지향을 끌어내길 바란다

명절

아련히 머무는
이 감정은 무언가

때때로 허기지는 배는
흰밥 한 그릇에 만족하고
매일 찾아오는 밤엔
두 발 뻗고 자면 아침인데
계절이 머무는 곳에 마음을 놓으면
그곳이 진풍경이네

여름이 가도 간 줄을
가을이 와도 온 줄을 모르다가
칠석 백중 다 지나
백 가지 음식으로 뒤룩뒤룩 배 불려 살이 올라도
허전하고 먹먹함에 아련히 머무는 감정은 뭔가?

추석 차례상에 오곡백과 올려 큰절 올리면
불효자 면죄부를 받을 수 있으려나
세월 무심한 가슴팍에도
가신 님 그리움이 쌓였나 보다

안부를 묻는다

초긴장 상태로 괜찮은가 친구여?

그것이 그리 걱정되셨나
그러게 말이네
그렇다 한들 빡빡한 환경 속에서도
삶은 살아가야 한다네
추석은 다가왔는데
생산품은 터무니없이 치솟았고
벌이는 신통치 않으니
이번 차례상은 조촐히 지내야 하겠네

이 사람아 쉬엄쉬엄하게나
이번 추석에 해외 여행객이 십이만이 넘는다지
차례 지내자마자 가을 꽃구경 한다고 하던데
자네도 연휴에 푹 쉬어 보시게

허, 나 같은 무지렁이야 뭐
남들 다 가진 집 한 채 없지
자식놈 취직이 안 돼, 결혼도 못 해
나태한 정승마냥 제 할 일도 잊은 지 오래됐네

삼십이면 가장이 되었어도 벌써 되었을 놈이
제 방에 틀어박혀 만연된 스마트 게임만 하네
저도 미안한 건 아는지 밥은 한 끼나 찾아 먹는지
내 속 터진다한들 뭔 대책이야 서겠나

하루하루 삶의 터전이 전쟁터 같아서
긴장 늦추지 못하고 지내다 보니
분단의 긴장도 잊고 산다네
오늘도 점심은 컵라면이면 되었다네
어차피 돌려놓을 수 없는 현실에
무엇이 두렵겠나

하이고 천하가 무너진다 해도
눈 하나 깜박이지 않을 장승아
환갑 지나면 몸이 버팀목일세
건강하게 지내시게
내가 사는 곳은 진정 어쩌지 못할 터이고
작은 섬 하나 건드려볼 모양이니
가끔은 고국에 있는
친구에게 안부나 묻겠네

양 영 택

| 시 작 노 트 |

덜 익은 글을 써놓고도
난 뻔뻔하게
숙성을 기다렸다
바늘로 쿡쿡
찔러보기도 한다
떫은 맛 빠졌을까
시큼한 맛 들었을까
퇴고라는 핑계로
오늘도 헛매질이다.

가을은 그러더라

양 영 택

가을은 그러더라
지친 햇살 애써 눈길 거두며
새색시 시집오듯
서툰 걸음 앞세우며 그리 오더라
가을은 그러더라
동구 밖 풀버러지 펑펑 울리며
고개 떨군 엉겅퀴 갈기 사이로
살금살금 헤집으며 다가오더라

가을은
가을은 꼭 그리 오더라
어둠 젖은 고샅 모퉁이 돌아
한잔 술 달군 내 아버지의
늘어린 두 어깨에 얹혀 오더라
가을은
내 아버지더라.

내 가슴 속 신작로

줄을 긋는다
비뚤림 없게 조심스레
오래된 구들처럼 숨 가쁜 그곳에
반듯하게
그리곤 하나둘 낡음을 부순다
판잣집을 헐고
허리 굽은 노가(老家)도 헐고
눈 부라리는 가시철망
녹슨 울타리도 거둔다

모두가 물러간 자리에
드러난 길 하나
거친 자취 남은 이 길에
까맣게 세월 태운
타마구(tarmac)를 펼친다
이제 신작로다 뻥 뚫린 신작로다
아물어 갈 내 영혼이
혼신으로 달음질할.

솔바위

태고의 먼 걸음 지쳐
검버섯 솟치는 바위 위로
소바람 거칠게 태질하던 날
노쇠한 살덩이
터지고 깨지는 아픔 감추고
그렇게
작은 방 하나 내줬다더라

바람결에
솔씨 하나 내려앉아 세던 자리엔
지난 이야길랑 묻어두자며
허리 틀린 소나무
세상 꿰맬 바늘만 키웠다더라

나 있어 너 사는가
너로 인해 내가 사는가
서로 묻지 않았다더라
입 귀 없는 한 몸으로 굼뜨게 굼뜨게
고향 꿈만 꾸었다더라.

다시 봄

아니 올 듯 떠났던
그 길 위로
모두가 돌아오고
소태처럼 쓴 시절이라고
어제까지 꾸짖던 그 입으로
나는 오늘 함박꽃을 피우니
고작
주먹 하나 크기의 심장 덩이를
쥐락펴락
이리도 어지럽히는 그댄 뉘신가
아직 아지랑이 기별 없어도
봄 마당 비질 바쁜 필부에게
발 들거라 발 치워라 소리치는 이
그대는 또 뉘신가.

오수

풀 먹인
영감님 세모시에
바스락바스락 바람 뒹굴고
늙은 목침 위
가지런 잿빛 수염이
빗장 풀고 꿈을 청한다
하늘 마루
천둥벌거숭이들
하소연마저 따가운 날에.

청령포에서

나루 언덕배기엔
나그네의 긴 그림자
한 줄 가람은
몸 접어 똬리를 틀었다
훌쩍이는 강물을 질러
내딛는 걸음걸음마다
아무렇게나 밟히는
몽돌들의 신음 소리
모래톱 너머
뭇 새들 알을 품는 솔숲에서
임이시여
멀어진 하늘에 울고
칠흑 어둠에 또 울었을
어린 임이시여

금표석(禁標石)에 내려앉은
통한의 검버섯을 헤아리다가
천근 발길 다시 돌려 네게 묻는다
서강(西江)아
너의 가위눌린 가슴 위로
아직도 그때처럼
뜨거운 비 내려앉느냐.

도반

등 휜 솔 굽어보는
너럭바위에
땀 밴 바랑 벗어놓고
숨 챙기려니
바람은 자기 보라
잎을 흔들고
물소리 중얼중얼
귀 달라 하네
바짓부리 옥죈 대님
풀어헤치니
곁 풀도 도반(道伴)하자
통사정이라.

허공 전인숙

| 시 작 노 트 |

때론 삶의 목적은 달라도 같은 곳을
향하여 달려가는 인생의 동반자가 곁에 있다.

각박한 세상에 대한 아우성을
가녀린 펜심에 쏟음에 정성을 담아
오롯이 시심들 속에 함께
묻어가길 소망하면서...

아버지 마음

허공 전 인 숙

하늘가 넓고 넓은
그곳
그립고 보고 싶은 얼굴

덧정 없는 생전 모습
무심의 벽에 가로막혀
기억 속조차도 가물가물

살아생전 나보다 더
보고 싶어 하셨다는 말
전해 듣는 순간!

통곡의 오열 쏟아지고
가슴엔 피멍이 들었다

부부

인연의 끈 길 따라
발자국 조심스레
옮겨 놓으니

내 반쪽이
그곳에 있구나

두 눈엔
사랑 한가득 품고
날 바라보는 그 눈길

연습이 없다 하는
세상 속에서
질펀한 저잣거리
장단에 맞춰
너울너울 춤을 추듯이

한바탕 놀다가는
나그네처럼
우리 또한 저리 살다 가자며
꼭 잡은 손에 힘을 넣는다

낙화암

청풍명월 가야금 뜯는
가녀린 손가락에
한 많은 설움이 줄을 타고

밤이슬 머금은 듯한 네 목소리
깊어가는 달님 바라보며
애닳아 하고

계백장군 기개보다
더 높은 기상에
님을 품어 보았으나

옥가락지 맞잡은 손가락에
힘 들어가니
떨어지는 꽃잎 지듯이 섧구나

여행

가을을 맞이하는
마음속 설렘이

성큼성큼
어느 순간 다가와
눈앞에 우뚝 서더니

옷깃 속으로
바람되어 들어오면서
속삭인다

함께 걷기에
참 좋은 날이라고…

노부의 유언

울지마라
살 만큼 살다 가니

길가에 뿌려지고
날리는 민들레 홀씨처럼
바람결에 흘러가는 구름처럼
흩날리게 날리어 주어라

눈물이 나거들랑 부러 울지 말고
세찬 바람 부는 날
바람결을 바라보며 울거라
핑계 대기 좋으니

장부의 가슴속에 생겨난 큰 구멍도
세월 속에 묻히고
망각 속에 잊히니 남은 삶은
웃으며 살다 오너라

초승달

새초롬한 눈썹
외짝으로 그려넣고

앞서가라 떠밀어도
수줍은 눈웃음만 살짝

길게 뻗은 손끝에
걸어 놓은 그리움

둥근 만월의 모습 그리는
눈매 고운
너의 속눈썹

그리운 연서

봄이면 시작이라
생동감 넘쳐나
저마다 활기차게 움직이느라
보고 싶다 생각난다고
말할 시간조차 없건만

이놈의 가을은
그동안 미워하고 원망했던
사람마저도 보고 싶고
그리워지게 한다

오늘은 이렇게
그립고 보고 싶은 네게
편지를 써야겠다

곁 비어 있는
내게 올 수 있느냐고…

죽기 전에 네가 보고 싶다고

안 강 로

| 시 작 노 트 |

뜨겁게
사랑을 한 연탄재는
가벼우면서도 단단하고
피부는 뽀얘서
참으로 곱기도 하다
이처럼 사랑은
많은 걸 변화시키고
그 변화의 끝은
아름다움일 것이다

조금 변한
쬐끔 아름다워진
마음 한 점을
책 속에 살짝 놓고 간다

낙엽을 밟으며

안 강 로

나지막한 산길
수북이 쌓인 낙엽군자들이
잰걸음에 달려온 해넘이 바람에
이리저리로 몸을 비빈다
바람을 꼬드겨 그늘을 훔치던
여름날의 치열했던 삶도
가을 햇살에 속내를 다 들키고
바닥에 주저앉아 노을을 잡는다

사박사박 쏟아지는 신화에
귀 막은 나목은 지그시 눈을 감는다
시절 모르고 핀 개나리꽃에
하수상한 바람이 못내 쓰리다

세월이 빚어 올린
인생이라는 커다란 숲도
그 끝은 허물어가는 것일 게다
한 발 한 발
낙엽을 밟으며
오늘도 허무는 연습을 한다

세한모정(歲寒母情)

바람 따라 낙엽 따라
가을의 소리도 떠나가고
갈피 잃은 달잎의 울림도
얼어붙은 까만 밤이다

고향집 여름밤에는
꿈의 마당이 불에 탄다
모닥불티가 허공을 날면
반딧불이라 폴짝이던 동심
쏟아지는 별빛에 눈이 시려
파고든 엄니의 품속, 꿈속이여
이 별로, 저 별로
징검다리도 건너보고

젖내 흐르는 하늘강
그 언저리에 살고 계실까?
하루만치 높아진 문턱을 넘으니
벌게진 얼굴을 보듬는 손아,
하염없이 눈물은 흘러내리는데

가실까 봐 가실까 봐
차마 눈을 뜰 수가 없는
꿈이어도 좋을 밤이다

벤치 맨

사분사분
추운 맛을 헹구고
잔가지에 바람이 앉는다
봄비를 물린 뽀얀 구름 사이에서
해맑은 미소가 벙근다
때 이른 봄날
훌쩍 커버린 햇살에
나른해진 공원 나무 벤치에는
부엉이 방구 맞은 혹부리 영감이
세상모를 미소를 뿜고 있다

모락모락
어둠이 피어나면
옆구리에 갈지자 술병을 차고
종종거리는 술집의 문턱을
반쯤 넘다 말고 쫓겨나던 군손님,
바로 그였다
내 것이라 맘껏 뻗은 두 다리와
다소곳하게 쥔 두 손

겨울을 말끔히 훔친 벤치에는
쑥덕거리는 찬웃음 소리도 없었다

부디 올봄에는
꿈길에서 만난 봄날이기를

나는 거지였다

허공을 가르는 북채는
세속을 솎아내는 영혼의 날개
맞아야 울어대는 북소리는
거지들의 허기진 울음소리이다

걸쭉한 입방귀에
입은 헤벌쭉이 벌어지고
여장 품바의 늘씬한 아랫도리에
사시로 눈을 매단 채
엿가락 하나 품을 수 없는
좀팽이들의 헛숨만이 들락거린다
잘게 썰어대는 북소리에
숨소리마저 땅바닥을 기더니
한 줄기 우레의 북소리에
난장의 춤판이 쏟아져 내렸다

신의 손을 잡았을까
마당을 휘젓는 절뚝이의 가재춤

질이 난 춤사위에 햇귀도 앉아버린
목젖이 터지라 울던 서해의 밤

나는 거지였다

망중한

쇠똥구리가
둥그런 집채를
뒷발로 감아 굴리다가
굴 앞에서 망중한을 즐긴다
집이며 양식이 될
말랑한 쇠똥 위에 걸터앉아
스치는 하지 바람에
마른 땀을 훔친다

중늙은이가
머리에 띠를 두르고
집게로 연탄불을 옮기다가
골방 모니터 앞에 앉는다
밑불에 생탄을 올려놓고
틈새에 조각시를 짓는다며
선풍기 바람 앞에서
망중한을 즐긴다

망중한은
달리면서 맛보는
사색의 여유로움이 아닐까

연탄불 앞에서

검어서 숨었더냐
숨다 보니 검더냐

막장에서
건져 올린 너를
오늘은 시집보내는 날
하룻밤
불덩이 사랑으로
만만년을 태우리라
사위는 혼불이여
숨어 우는 검은 눈물이여

님아
연탄불 앞에서는
사랑 투정하지 마소
억년을 기다리지 못할
사랑이라면

나른함

가위눌렸는가
꿈속의 만찬에
젓가락질이 헛짓이다

물 가뭄에
천심도 갈라져
논바닥은 찢겨지고
피시식 지리고 가는 먼지잼에
돌우박의 팔매질까정
말라붙은 농심에 구멍 나고
사립문 앞 시주승아
한 됫박 보리쌀
건넬 팔이 없구나

째깍째깍
쌓이는 초침에
가위눌리는 오후

남 여 울

| 시 작 노 트 |

하늘을 들으려
작은 그릇에 두서없이
채워진 삶을 내려놓습니다.

커피

남 여 울

휘청거리는 오후
양지바른 담장에 등 기대고 앉아
조각난 푸른 꿈을 깁고 있을 법한, 노숙자처럼
들어앉은 햇살의 게으른 눈
스멀스멀 등골을 타고 내려
발가락 사이를 헤집는 오르가즘 뒤의
미분법보다 난해한 기류

커피를 마신다

식도를 미끄러진 그리움이
위장을 찌르고
마침내 정수리에 산화하면
지극한 환희에 이른 밀교(蜜教)의 술인 양
절정에 다다르는 게으름

전율……

정리해고

보일 듯 잡힐 듯하여
뚫어가던 욕망의 광맥
밤을 낮으로 세워
치달은 깊은 구렁
체온은 식어 내리고
음산한 젖은 기류(氣流)

마련한 침구는
언제나 썰렁하고
햇볕이 오기에는
깊고도 굽은 굴혈
누가 건져 줄 것이냐
그 깊은 갱도에서

해바라기

늘 손빨래로 개켜 놓으시던
아버지 하얀 속옷을
반나절 들일마냥
가슴에 불 지펴 태워버리시고는

자식들 거두어
오로지 먹고사는 일에만
성을 내며 사신 어머니
세상 온갖 일 마다시지 않던
가뭇한 살갗에서
아버지는 그때
전소(全燒)된 줄 알았는데

문득문득 생김새 똑같다며
손자 얼굴 어르는 손끝으로
싸하니 스며드는 것
오십 년 남짓 홀로 개켜 온
그을음 하나 없는 세월이
끝내, 태우지 못한
그리움인 것을

굴레

운명을 걸머진 골짜기
부딪치고 으깨진 삶
강물처럼 마르지 않네

뉘라서 습한 아픔 돌아볼까
처처(處處)히 흐르고 흘러
쉬일 날 없더니

모양만 있는
사립문 나서는 걸음
누가 걸어 놓았나, 그 아픈 되돌이표

노을

서산 머리에 길게 누운
해가
심연에 들었다

그가 자고 깨는 동안
내 목숨 줄
야금야금 삭아들고
이랑 같은 주름 깊어 가는데

모든
생명 있는 것들의 숨결로 피워 올린
아,
저
핏빛 추상(追想)

개와 늑대의 시간

속이 빈 채
상실한 시력으로
중병을 앓는 우리
허황된 네온사인이
날조된 시멘트 바닥에 누우면
허기진 영혼을 채우려
피냄새 나는 날고기를 찾아
거친 산야를 헤매다가
월하에 누운
길 잃은 늑대 한 마리
낯선 빌딩 숲에도
만월은 떴다

달맞이 꽃

어찌하랴, 주체 못 할
빛나던 사랑
단 한 번에 목놓기는
죄스러워
갈림길에 던져 놓고
가을로 들었다

정(淨)하자 하였더니
번뇌만 하얗고
속(俗)하자 하였더니
쓸모없게 생경하다

다 부질없구나

에로라지 바람 벗 삼아
빈들에 몸 누이니
별을 먹던 달맞이 꽃
외로움에 글썽이고
여명을 파닥이던
어린 새
날개 더욱 무디다

02부

>>>

빛

썰물로

드러낸 반반한 얼굴

진실 아닌 가면이다

그 속내

건강하게 숙성된

살아 있는 진실

이 근 복

- 경기 양평 출생
- 『문학저널』 등단
- 한국바다문인협회 회원
- 한국바다문인협회 사무국장
- 동인지 『비움의 향기』 외 다수

공 의 식

- 한국문인협회 회원
- 한국소설가협회 회원
- 국제펜클럽 한국본부 회원
- 한국바다문인협회 회원
- 시집 『다각묘사의 창』

염 은 미

- 인천 출생
- 『다온문예』 등단
- 한국바다문인협회 회원
- 공저 『시인의 바다』(제13집, 제14집)
- 현)영재 매릭스학원 교육담당

화운 송효근

- 충남 천안 출생
- 월간 『문학저널』 동시 부분 등단
- 한국바다문인협회 회원
- 공저 『비움의 향기』 외 다수

石蒜 김영태

- 서울 출생
- 평택시 거주
- 한국바다문인협회 회원

도균 이상호

- 1957년 출생
- 한국바다문인협회 회원

이 근 복

| 시 작 노 트 |

뽀얀 하늘에 가끔 눈을 포갠다

완성될 수 없는 부끄러움…

애상(哀傷)

이 근 복

지친 하루에 일상
거칠게 호흡했던
아스팔트 위 소음도
잔잔히 젖어드는 밤
잠시 달빛 그늘에 쉬어 가라 합니다

성난 파도에 휘둘린
한 줄기 빛의 서러움
힘겨운 계단 오르기를
멈추지 않는 동안

한 삽 한 삽 바람인 듯
날개를 펼칩니다
추월한 속도를 교환할 수 있다면
기적이란 이름은 여식의 뜻
과연 그것이 과욕(過慾)

빛

썰물로
드러낸 반반한 얼굴
진실 아닌 가면이다

그 속내
건강하게 숙성된
살아 있는 진실

내공

약한 자를
이기려는 건
바보들이 하는 짓

결코
약한 것이 아닌
깊이가 있는 것이다

부음(訃音)

칼끝으로 선을 긋는다
훌쩍 떠나버린 빈자리가
꺼이꺼이 아프다

곡조를 붙여 노래하리라
무딘 날들의 회한
완성 없는 시간

허허로운 기다림은
갈증으로 쩍쩍 갈라져
각혈하지만
엽 송이 가지 치는 날
온전한 그대를 안아보리라

그리움 3

찬란했던 빛도 스러져 잠든 밤
선홍빛보다 붉은 그리움은
마주하던 별빛마저 눈을 감게 합니다

깊은 수렁에 빠진 허허로움
가녀린 여인의 마른기침은
애잔한 속울음에 가시지 않는 처연함

꺼져가는 불빛의 애처로움은
억겁의 세월 속에 묻혀
지친 영혼을 뉘이며
당신은 어느 별에서 안식하시는지
선홍빛보다 더 붉은 그리움만 남긴 채

그리움 4
— 연서

화려하게 피어난 석양
서서히 나락으로 떨어질 때면
내가 아닌 또 다른 이가 나를 지배합니다
어둠이 내리면 보고픈 이가 더욱 그리워지는
마법을 지닌 게 틀림없다고 투덜거리며
다시 화선지를 펼쳐 그림을 그리게 합니다

기억해 내려 애써보지만 떠오르지 않아
붓 끝으로 끄적이는 선은 완성되지 않습니다
한낮은 여우비가 오락가락하더니
늦은 밤
내리는 비가 당신의 호흡이라 여기니
그저 말없이 흐르는 눈물의 의미가
무엇을 말하는지 알 수가 없습니다

잔잔히 떨려오는 성대를
혀로 지그시 눌러 잠재우려 하지만
복받치는 설움
아프지만 흐르면 흐르는 대로
그리움에 두께가 더 두터워지는 밤입니다

잠시 진한 커피 두 잔을 탔습니다
한 잔은 당신 거 또 한 잔은 제 것
마주 놓인 커피 잔을 보니 피식 웃음이 나옵니다
말하지 않아도 마주 앉아 있어 좋은 사람
그 사람이 곁에 없음이 힘겨운 시간입니다

이 비로 인해 버겁고 무거운 모든 것들이
말끔히 씻겨 내렸으면 좋겠습니다
내 삶의 전부였던 당신 촉촉이 젖어드는 그리움
온몸에 한기가 느껴집니다
허공에 휘둘린 시간은 어김없이 흐르고
나 홀로 기나긴 밤을 하얗게 지새웁니다

가을은 아프다

마음을 닫는다는 건
검을 빼 단칼에 끊어내는 일
견고한 성이 무너지는 일
족쇄와 올가미로부터
벗어나는 일

화려하게 피어난
얼굴을 보고도 돌아서는 일
천 길로 떨어지는 일
삐그덕거리는 문고리를 잡고
인감을 말소시키는 일이다

공의식

| 시작노트 |

꿈이 부풀어 풍선처럼 터지고
생활전선을 정신없이 다니다가
IMF라는 세월을 만나고부터
시작된 글쓰기 풍선 벌써 15년
이제 막 하늘로 오르려는 시도로
2017년을 맞이하고 있다.

아버지의 지게

공 의 식

폐장이 가까운 시장을 돌면서
이것저것 갈퀴로 긁어가는
바람주머니가 걸어간다
휘청거리며 걸어가는 모습
안타까움에 우르르 좇던 낙엽
바람의 고리에 걸려 끌려간다
몸이 낙엽처럼 끌려간 세월
우두커니 선 지게와 마주쳤다
평생 지게와 사셨던 아버지
지게를 벗어 놓고 어디 가셨을까
무심코 낙엽에 끌려온 나도
아버지처럼 지게를 메고 섰다

가난한 아내

안개 자욱한 오솔길
산새 울음도 멈춘 외길을
아내는 무서움에 옆도 못 보고
오직 앞만 보고 걸었단다

왜 경치 구경을 못 했냐고 하면
안개 속에서 무엇이 나타날지 몰라
아이만 껴안고 발끝으로 걸었다고
펑펑 울어대는 아내
내가 선물을 받아온 날도
아내는 서럽게 펑펑 울었다
조금만 넉넉하면 그 여자처럼
선물하며 나눌 줄도 안다며

서울의 안개

청춘이 그렁그렁
전봇대에 붙어 있네

불빛 있어도 보지 못하고
바람 없는 허공에 있네

보이지 않는 전선이
골목 속 안개로 끊어져 있네

안개에 갇힌 사람이
기억 없는 전등에 매달려 있네

눈물은 전봇대에 기대어 흐르고
고개 숙인 전등이 사람처럼 우네

아내

살어 랏다고
살어 랏다고

살아가면서

눈물 만지는 사람

『窓』에 어리다

한 때의 비바람이
창문을 두드리고 지나간다
한낮인데도 어두운 방 안이
겁에 질려 벌벌 떨고 있다

떨다 떨려난 원망의 훈증이
구름으로 뭉쳐 내린 빗물
땅 위에서 벌겋게 익어
강으로 줄달음친다

또 한차례 비바람으로
들녘은 벌거벗겨지고
창문은 아우성을 적어내려
점점 하얘지는 구름 그린다

붉은 빗물이 수줍어 숨고
벌거벗은 창문은 부끄러워
가릴 것 없는 유리창 속에
들녘이 그림처럼 가린다

팔월

임신한 벼가 숨어 웃는다
가지런한 치아처럼
수줍게 배어나와
바람만 스쳐도 웃음이 터져
사라라랑

소란스런 수다가
무논에 흘러넘친다
저만큼 물러난 구름이
고개를 갸웃거리다
바람 소리에 귀가 쫑긋
꼬르르릉

하늘 높이 솟구친다
아까부터 엿보던 잠자리
허수아비 머리털 뽑는다고
붙었다가 떨어졌다
파라랑 파라랑

할미꽃

굳은 등뼈 지고 나는 바람
쩡쩡
푸른 소나무 숲 내달리면
얼음조각 밑으로
달리는 시냇물에 구름 머물면
함초롬히 피는 갯버들

망토를 걸친 푸른 산 내려와
시냇물에 발을 담그면
말갛게 사라지는 통증
졸졸
상쾌한 목소리가 밭두렁 두드려
잠자는 할미꽃 깨운다

묘지 잔등에 허리 못 펴고
보라색 얼굴엔 정이 한가득
줄줄 흐르는 기억
생전에 한 번도
'네 이놈' 하지 않던 할머니
오늘도 눈웃음 얼굴이 핀다

염 은 미

| 시 작 노 트 |

삶은 가끔 엉뚱한 과제를 던져 준다

그런 피할 수 없는 일상을

아름답게 풀어내기 위해

나만의 숨고르기를 한다

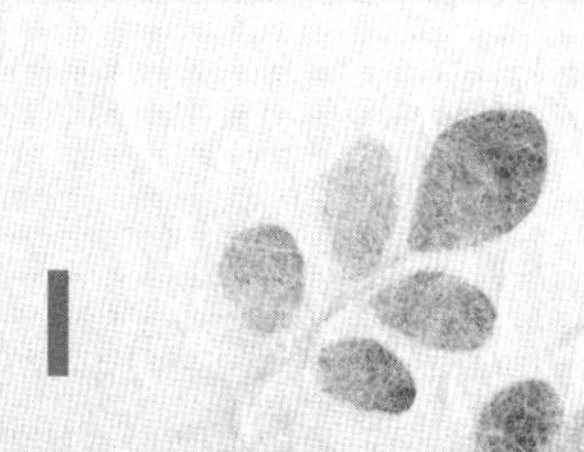

우리를 위한 독백

염 은 미

매운 바람을 이기고
햇살 일어 고개 든
봄 들녘 냉이꽃처럼
아니 보이듯 그렇게 살다 가리
물은 흐르나 말이 흩어져
침묵이 부서지는 통속적 세월
우리가 가야 할 길은 그렇게 가는 것인가
홀로 가는 비움의 밑바닥까지
혼자일 수밖에 없음을 깨달았을 때
나를 내려놓아도 좋으리라.

능소화 당신

얼마나 기다렸나
기다리다 기다리다
차라리 저리 붉어 피어난
눈시울 적신 주홍빛 울음
백 번 천 번
허기졌을 사랑에
하염없는 절망이여
해마다
이맘때
하늘을 향한 소원으로
꽃들도 기다림에 지쳐
울기도 한다.

늙은 밤나무

집으로 돌아오는 길모퉁이
늙은 밤나무는 온데간데없고
베어낸 가지 사이로
바람 타고 빈 마음마저 분다

하얗게 쏟아져
마음을 휘적휘적 흩트리던 계절
속절없이 오는 세월에
피어난 가지마다 영락없이 연둣빛 송이들이 돋아났고
떠나고 만나고
가고 오고 그사이
기쁘다가도 슬픔에 젖고
축축하게 젖은 날도 환해져 눈이 부시고
기쁨으로 이어지다가
하루하루를 야금야금 먹으며
가을로 가더니
토실한 밤송이를 매달았었다

씨알이 작아지고
전선줄에 방해가 된다는 이유로

지난 세월을 잘라낸 늙은 밤나무

부는 것을 볼 수는 없지만 느낄 수 있는 바람
흐르는 것은 보이지 않지만 알 수 있는 세월
깊은 주름 사이로
늙은 농부의 얼굴이 알 듯 모를 듯 검다.

장미의 이름

뜨거움이 비로소 돋아
와락 보듬은 꽃 빛깔
피어난다는 것은
사랑을 향하여 사랑하는 일

우리가 되고
서로의 삶에 끼어들어 나누는
소소한 기적, 착한 염려
아름다운 욕망

다정한 부름
부드러운 집착
한결같은 마음 자락도
그저 좋은 향기로 피어

오월이면 더욱 찬란해지는
장미의 이름으로
귀한 그대와 다듬어 가는
사랑의 또 다른 이름이라.

갱년기

매양 하루라는 소규모 전투에
이유 없는 눈물이

내 안을 담금질하더니
불어오는 세월 바람이 야속해

지나야만 하는 그 파도는
한숨 두어 자락 시름 몇 움큼

노을이 물드는 시간
달갑지 않은 손님에

처음 대하는
우울한 거울이 낯설다.

12월의 기적

문득 올려다본
푸른 하늘의 기억과
까닭 모를 쓸쓸함이 들락거린
어제의 시간은
잘 가라는 인사도 잊고
다시 하얀 계절 속으로 걸어간다

누구나 볼 수 있고
아무나 들을 수 있는 겨울 이야기는
바람 타고 하르르 들려 오고
우리의 12월은 짧아도
누군가 전해 주는
사랑의 눈빛 하나로도 강해질 수 있다

그것은 약하지 않게
아름다울 수 있는 이유

그대가 간절히
바라고 소망하고 꿈꾸는 대로

모두에게
마음 따뜻한 12월
서로 고마운 계절이어야 한다.

불면의 밤을 지나

빈방 가득 생각을 켜두고
마음에 등불 하나 매달고

어둠과 만나
기다리는 나

오지 않아
잠들기 아까운 달빛

내 곁의 불빛은
어둠이 다녀간 길에도

밝음으로 다시 오니
당신을 더하여 걷는 길

당신에게로 향한 걸음에는
새벽이 올 때까지 지침이 없어라.

화운 송효근

| 시작노트 |

몸과 마음은 오늘도
과거의 추억 여행을 향해 가려고
간절히 몸부림칩니다.
우리에게 휴식과 정화가 꼭 필요한 오늘
내 눈앞에 한 권의 시집이 있다면
그 어느 약보다 좋은 명약이 아닐까
싶습니다.

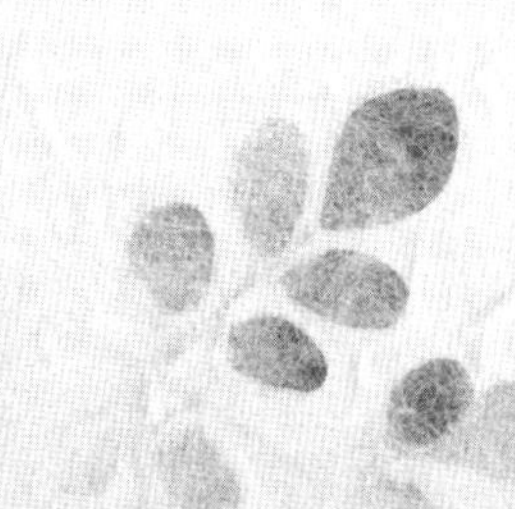

땅속 이야기

화운 송효근

꽃밭을 만들고
꽃씨를 심은 날엔
쨍쨍
뙤약볕이 싫다
보슬보슬 내리는
봄비가 좋다

빗방울이 거미줄에 걸렸다
톡톡 떨어지기라도 하면
땅속 꽃씨들이 깜짝 놀라
쏙쏙 얼굴을 내미는
그 모습이 참 좋다

텃밭을 일구고
강낭콩을 심은 날엔
쨍쨍
뙤약볕이 밉다
촉촉이 내리는
단비가 좋다

땅강아지 흙덩이에 부딪혔다
쿵쿵 울리기라도 하면
땅속 강낭콩들이 깜짝 놀라
불쑥불쑥 얼굴을 내미는
그 풍경이 참 예쁘다

새봄이 할 일

살랑살랑
봄바람이 불어오면
꽃가지가 춤을 춘다
흔들흔들

간질간질
봄 햇살이 비벼대면
꽃눈이 터진다
팡팡팡

동동동
발을 구르지 않아도
봄바람은 불어와요

조마조마
마음 졸이지 않아도
햇살도 뿌려지고요

꽁꽁 언
마음속 겨울이 사르르
녹아내리고 있네요

졸졸졸
산골을 깨우고

파릇파릇
들판을 깨우고 있어요

농부의 기도

촉촉이
비가 내렸으면
참 좋겠다

땅 속 씨앗들의
간절함

잠시 메마른 흙 속에
씨앗이 되어 본다

오—
하느님
촉촉이
비 좀 내려주세요
제발—

달팽이 생각

난 서두르지 않아
그냥 천천히 가는 게 좋아
부드럽고 맛있는 상추밭에
서두른다고 빨리 가지나
너무 서두르다 "획"
지나칠지도 모르는데

난 재촉하지 않아
그냥 여유롭게 가는 게 좋아
파릇하고 상큼한 열무밭에
재촉한다고 빨리 가지나
너무 재촉하다 "쌩"
지나칠지도 모르는데

텃밭 교실

아빠는 텃밭이
작은 씨앗들의 교실이래요

땅 고르고
이랑 만들고
씨앗들이 뿌려질 분단을 만들었어요

크기 모양 색깔
모두 다른 씨앗을
뿌렸습니다

텃밭 담임 선생님 된 우리 아빠
걱정이 참 많으신가 봐요

촉촉이
비가 내린
다음 날
햇살이
출석을 부릅니다

상추 쑥갓 열무
모두 큰 소리로 대답하듯
하나 둘
얼굴 쏙쏙 내밀며
파릇한 인사를 합니다

아빠의 얼굴에도
파릇한 미소가
활짝 피어납니다

썰물 때

덩치 큰 고래
무서운 상어
그 많던 물고기 친구들
모두 어디 갔을까
어디로 갔을까

헤엄을 잘 쳐
바닷물이 놀러갈 때
함께 따라 갔나 봐

작은 조개
단단한 고동
그 많던 바닷속 친구들
모두 어디 있을까
어디에 있을까

헤엄을 못 쳐
바닷물이 놀러갈 때
갯벌에 남았지

호박꽃 등대

노랗게 활짝 핀
호박꽃은
초가집 지붕 위에
예쁜 등대입니다

멀리서도 호박벌들이
길을 잃지 말라고
환히 비춰주는
고마운 등대입니다

石蒜 김영태

| 시작노트 |

내 삶의 인연과 그 인연에 대한 그리움이
가을빛으로 물들어감에
그 향기가 흩어지기 전에
작은 흔적으로 남깁니다.

별 그림자

石蒜 김 영 태

비 그친
작은 창엔 어둠이 남아 있고

새벽은 아직까지
잠들어
누워 있다

저 멀리
하늘 끝엔 또렷한 별 그림자

가느란 한숨으로
나목을
지켜보고

내 안에
그리움은 아침을 기다린다

곱다란 그 향기에
미소가
그리워서…

찔레꽃

어제는 저만큼에
뻐꾸기
울었는데

산모롱
돌아서면 향기가 느껴질까

짙어진 잎새 사이
새벽이
별빛 베고
네 꿈을 꾸었는지

이 아침
길섶 따라 찔레꽃 하얗구나

이렇게 맑고 고운
이슬을
머금고서…

개심사(開心寺)

하늘을
가려버린 숲을 지나고

저만큼 돌아가는
돌계단 지나

나직한
구름들이 쉬어 가는 곳

그곳에 세월 몇 점
누워 있더라

감로수
몇 모금에 가슴 적시고

청아한 독경 속에
마음 씻기게…

새벽 편지

쏟아진
별빛들이 길섶에 내려앉아
이슬을 끌어안고
고운 꿈
깊어진 밤

빛바랜
책상 위엔 백열등 흐릿한데
그리움 흠뻑 적셔
너에게
편지를 써

이제는
긴 시간에 흐려져 가물대는
먼 날의 그 향기와
그 날의
흔적 찾아
나 가야 하겠기에

이 새벽
지기 전에…

사부곡(思父曲)

이렇게
고운 옷을 입으셨네요
평생을 삶에 절어
입지 못했던
백만 원
하는 옷을 차려입으니
멋지게 보입니다
당신 모습이

그곳은
아픔 없는 곳이랍니다
동생도 어머니도
만나셔야죠

이제는
편안하게 쉬셔도 돼요
모든 것 내려놓고
하늘이 되어…

무명 시인의 노래

또 하루 메마름에
노을이 드니
바람이
휘적휘적 곁을 지난다

조금 더 걷다 보면
저녁이 내려
흩어진
마음결을 감싸 주겠지

오늘밤 별을 보고
그리움 담아
한 구절
읊조리며 시(詩)를 써볼까

부족한 글 위에다
향기를 얹어…

가을 나그네

계절의 언저리를
서성거리다
빛바랜
어깨 위에 햇살을 얹고
메마른 가지 끝에
기대앉더니

먼 하늘 바라보며
무얼 생각해
노을은
저 들녘에 덧칠을 하고
어색한 저녁빛은
짙어가는데

나그네
뒷모습엔 어제 향기가
휘파람 소리 속에
흩날리누나

그림자

무엇을 따라왔나
거친 황톳길

빛바랜
망초꽃은 바람에 안겨
저만큼 수변 길엔
가을 뿌리고
잠자린
그 언저리 맴을 도는데

얹혀진
흔적 속에 향기를 찾아
저녁이 노을빛에
덧칠을 해도
머물던
그림자는 가고 없구나

내 안에 나를 많이
사랑했던 너…

도균 이상호

| 시작노트 |

바람은 강물을 따라가는지
강물은 구름을 연모하는지
돌고 도는 한세상
등떠미는 바람을 마다치 않으니
꾸역꾸역 세월만 둘러 본다.

새봄

도균 이 상 호

몬순에 반사된 세월
창공을 향해 바람을 메고
산을 휘감다 들판에 너부러진다

훈풍은 보일 듯 말 듯
똑같던 상념의 나날들
강가에 뿌려지니
바람, 흙, 나무, 별들은
모태의 향기와 조우한다

적막을 걷어 낸 새벽
유별스런 참새 소리
신기루 사막과 오아시스
봄은 여느 봄날이 아니고
수없이 죽어 간 봄들의
꿈의 응집인 새봄이다.

꽃과 항아리

나라 잃은 설움
대한해협을 건너 그림에 빠져
버릴 것도 있고
배울 것도 있었네

반평생씩 일제강점기의 아픔과
해방의 자유를 느끼니
나라가 있고 없는
차이의 폭을 가늠한다

무엇을 어떻게 그리고 표현하느냐는
도상봉의 의중에는 없다
사실적 자연주의의 정물마다
살아서 숨 쉬는 오로지 조선백자만을 굽는다

조국 사랑의 꽃과 백자 흠모는
살아서나 죽어서도.

그림자

어제도 오늘도
한 걸음 두 걸음
세월을 밟는다

시시때때로
한 모금 두 모금
바람을 마신다

조각조각 모아서
불빛 없는 창고에
구름을 가둔다

울며 웃으며 쫓더니
햇살 좋은 날
길바닥에 누워서 삿대질.

순행(巡行)

기척도 없이
어디에서 오는 길인지
그리고 어디로 가는지
오로지 한 길
아래로만 흐르는 물[水]

포기란 없다
가다가 길을 막으면 돌아서 간다
거부하지 않는다
어떤 물질과도 끌어안으며

내가 필요로 하는 곳
어디라도
어제처럼 오늘도
그리고 내일도
멈추지 않는다.

고향은

제일의 고향은 水
제이의 고향은 火
제삼의 고향은 回
제사의 고향은 忘.

수평선

언제 누가 그었는지
선명한 선 하나
세월도 바람도 지울 수 없는 선

해도 넘고 달도 넘고
배도 넘는 새들도 넘으며
날마다 줄넘기를 한다

넘고 넘는 선 너머에는
희로애락 꽃이 피듯 피고 지는데
꿈쩍도 안 하고 길게 누운 선

유토피아도 지우고
평화도 삼키고 독재도 마시며
무병장수를 한다

가도 가도 끝이 없는 선
하늘과 바다는 분명 다르다고
누가 그었을까 수평선.

무릉도원

부처가 누운 형상
동해의 두타산 고봉과
부부처럼 다정히 손잡은 청옥산 정상엔
떠날 줄 모르는 두둥실 흰 구름

세월이 바뀌어도
동해의 푸른 물을 짝사랑하는
기암괴석의 눈물인가
구름의 눈물인가
사시사철 폭포와 계곡물만
숨을 쉬고 있구나

오가는 이 없는 첩첩산중
잡다한 사연들은 나그네 되어 떠나고
고고한 청솔만이 잡념마저 버린 채
유유자적
고요함만 고집하는 무릉도원.

03부

>>>

사흘이 지났습니다

어머님 안 계신 사흘

어쩌면 육신은 이율배반을

노골적으로 요구할까요

화장장 옆 혀 빼문 오동나무 노목

튼실한 자손에게 제 속 다 파주고

저는 앙상한 껍질만으로 세월에 항거합니다

염 기 식

- 충남 논산 은진 출생
- 『다온문예』 시 부분 등단
- 한국바다문인협회 회원
- 다온문예 정회원
- 문학애작가협회 편집위원
- 현)(주)은가람 홀딩스 대표이사
- 동인지 『다온문예』 『시인의 바다』(제13집, 제14집) 『문학애』(제1권~제7권)

설해 방 혜 숙

- 충남 아산 출생
- 대전 거주
- 『서라벌문예』 시 부문 등단
- 시낭송가
- 시마을문학회 회원
- 한국바다문인협회 회원
- 선진문학예술협회 이사
- 백제문학예술협회 대전지회장

기욱(基旭)

- 본명 이기은
- 시집 『자귀나무 향기』 등 4권, 시조집 1권 발간
- 동인지 및 전자책 다수 발간

이 정 선

- 강원 정선 출생
- 전북 완주 거주
- 『백두산문학』 등단
- 서울 시인대학 졸업
- 기린문학회 회원
- 한국바다문인협회 회원
- 현)다음 카페 〈문학의 숲〉 대표

연 용 옥

- 『한맥문학』 등단(2004년)
- 한국문인협회 회원
- 한국바다문인협회 회원
- 한국바다문인협회 2대 회장 역임
- 현재 영월에서 생활

김 복 녀

- 충북 옥천 출생
- 옥천여고 졸업
- 월간 『문학세계』 시 부문 등단
- 월간 『문학세계』 수필 부문 등단
- 한국문인협회 회원
- 문학세계문인회 정회원
- 문학愛작가협회 회원
- 한국바다문인협회 회원
- 공저 문학愛 통권 『여름』, 『가을』,
  문학愛 5집 『문학愛 가을 향기 품다』,
  문학愛 4집 『문학愛 바람이 분다』,
  『시인의 바다』(제14집, 비움의 향기) 외 다수

이 정 석

- 충북 괴산 칠성 출생
- 『문예사조』 시 부문 등단
- 2010 자랑스러운 한국인 대상문학예술 대상 수상
- 한국문인협회 회원
- 한국바다문인협회 고문
- 다온문화예술인협회 운영위원장
- 한국 명시선집 선정 시 수록
- 현)(주)정석타워 이사
- 공저 『비움의 향기』 외 다수

염 기 식

| 시 작 노 트 |

은행잎 하나 툭 떨어졌다
발길에 채이고 짓밟혀 부서진다
바람이 불어와 읊어 버렸다
어디로 가는지 어디까지 가는지
긴 여운의 자리에 빛바랜
그리움만 서성인다
인생은 나에게 속절없이
떨어져 뒹구는 은행잎 이었다

가을 그것은 그리움이어라

염 기 식

선선한 바람에
묻어오는 그리움이
허우룩한 가슴에 내리면
여기저기 떠도는 시어들이
하나 둘 모여
허전한 자리를 채운다

빈 듯 채워진 갈대를
간지럽히듯 비켜 가는 바람이
갈대숲 사이에 걸쳐 신음할 때
또 하나의 계절이 태동한다
가을 그것은 그리움이어라

봄꽃으로 피어나리

봄 햇살 시리도록 고운데
얼룩진 상흔에 아픈 육신은
봄 햇살을 느낄 여유가 없네

과정 없는 현실에 절여진 가슴
산모퉁이 그늘진 잔설이 되어
기약 없는 햇살을 기다린다

변명도 이유도 사치인 날
억울함마저도 내 탓으로 돌리고
세속의 비웃음 자양 삼아
함초로운 봄꽃으로 피어나리

타락

세상 것들이
모두 사라져 간다

낮술 한잔에 목을 축이고
숨만 할딱거리는
낯선 모습에 취해 간다

해가 뜨고 어둠이 내리는
강가에서 으슥진 놀이터 벤치에서
떠도는 아픈 허상들을 좇으며
떨어져 가는 상념들과 이별을 한다

타락도 도를 탐하는 경계인 양
취하지 않으면 힘겨운 몸짓이려나

힘겨운 날에

햇살마저 지쳐 스러지고
삶의 언저리 언덕진 흔적들이
애환이 되어 서성이면
짙은 상념이 내 되어 흐른다

언제부터인지 모를
흐트러진 삶의 경계가
생마저 초개같이 삼킨 날
될 대로 돼라는 체념만이
전부인 듯 온몸을 휘감는다

외쳐대던 약속과 소망들이
허공의 메아리가 된 지금

흘러가는 것인지
묻혀가는 것인지
가늠할 수 없는 삶의 무게에
빈 하늘을 애증 하며 눈물 삼킨다

나도 나를

햇살 창가에 서서
무심히 하늘을 본다

어디서 왔는지
어디로 가는지

나는 누구인지
무엇을 했는지

희뿌연 안개처럼
그저 스치는 상념들

그러나 그러나
아무것도 알 수 없었다
나도 나를

하루가 간다

못다 한 아쉬움인가
못 이룬 미련인가
어김없이 비집고 들어와
시린 가슴을 흔들어 댄다

태연한 척 의연한 척
나만은 안 그런 척
겹겹이 빗장을 쳐 보지만
실오라기 어둠에 속수무책 무너진다

무너진 가슴을 훑는
어둠 젖은 바람이
고독한 가슴을 헤집으면
비질하는 그리움
주체할 수 없어
멍한 눈 들어 검은 하늘을 본다

얼마나 더 아프고
얼마나 더 처절하게 고통스러워야
너마저 끌어안고 기뻐할까

알 길 없고 물을 곳 없어
흔들리는 기억들을 추스리며
고독한 침묵의 강을 따라
밤새 떠도는 영혼의 아픔이여

움푹 패인 가슴에
짙은 어둠은 사정없이 쏟아져
오늘을 지우라 흔들어 대면
오늘이 간다
하루가 또 그렇게 지나간다

구월은 그렇게 가는데

조석으로 이는 선선함일랑
가을의 설렘으로 간직하고
한낮을 데우는 열기는
가는 여름의 뜨거운 눈물로 잊자

누구나 오늘 태어나 오늘을 살고
오늘 죽는 것을
어제도 내일도
오늘 앞에 바람 그리고 구름이었지

오늘을 소홀하며 내일을 얘기하고
오늘을 살며 지난 어제를 탓한다

어제를 거울삼아 오늘 잘 살아야 되거늘
어제를 트집 잡아 오늘을 그렇게 망친다

구월은 그렇게 가는데
우리는 가는 구월을 잊은 채
어제란 여름에 서서 시월을 기다린다

구월은 그렇게 가는데
우리는 하찮은 어제에 매달려
오늘을 또 그렇게 보낸다

설해 방혜숙

| 시 작 노 트 |

생각지 않은 길을 가다가
더 좋은 풍경을 만날 때가 있다
예쁜 꽃들의 속삭임
흐르는 물소리와 새들의 합창
나뭇잎 사이로 비쳐오는 적당한 햇살
그늘에 앉아 맛보는 숲속의 황홀함이다

내일은 다른 길을 가보고 싶다
전혀 뜻하지 않은 길속에서
새로운 인연을 만나는 기쁨
분명 삶의 아름다운 추억을 만들며
누군가에게
행복을 주는 신선한 사람들이 있을 것이다
한 줄의 글을 가슴에 품고
나도 거기에 살짝 끼이고 싶다

소나무

설해 방 혜 숙

사시사철
푸름이란 이름으로 살지
가끔은 단풍이 부럽기도 해
사람들은 예쁜 옷 따라 떠나지만
난 외롭지 않아
잎이 떨어져 쓸쓸해 본 적이 없거든

모두들 때를 따라
옷을 갈아입으며
화려한 세상을 살아가지만
난 부럽지 않아
처음에 입었던 옷 그대로
한 색깔에 만족하거든
아무 색도 없는 하얀 겨울에
난 푸름이란 색깔로 산을 지키고 있지

다들 자기 색깔에
맞는 자연스러운 색으로 살면 되는 거지

민들레꽃

봄을 앞세우고
노란 손님이 찾아왔다
보약을 뿌리에 담고

민들레 닮은 소녀
노란 나비 잡으려다
민들레꽃을 밟으며 넘어진다
소녀의 발에도 민들레가 피었다

바람 불면
하늘로 날아갈 민들레는
다음에 만날 소녀에게
노란 언약을 남기고 날아간다

노란 소녀가 살고 간 자리에
하얀 새털구름 하나 떠 있다
오는 이의 모습보다
가는 이의 모습이 가벼운 것은
민들레만 아는 홀씨를 가졌기 때문이다

바람과 물소리

나는 바람이었나 보다
바람 불면 바람과 함께 어디든 떠나고 싶은
바위가 바람에 깎여 가듯
먼 시간 인연들과 바람으로 날아가고 싶다

나는 물이었나 보다
물을 따라 끝없이 가고 또 가고 싶은
물의 시작과 끝을 물으면서
흐름이란 것에 대한
숨긴 뜻을 만나면서 흐르고 싶다

나는 소리였나 보다
벽을 뚫고 하늘을 향해 솟구치는 울림 같은
깊은 바닥의 고뇌 소리와
본연의 준엄한 소리를 수직으로 듣고 싶다

마음의 소리

흩어진 외로운
마음 한복판에
살아 있는 그리움이 마음을 울린다

여기까지가
잡을 수 없는 바람이었던가
어둠 속을 가르며
새벽을 타고 넘나들었던
젊은 추억의 날들이 한순간 사라졌다

무엇이었던가
세월 앞세워 가며
그리도 찾고 싶었던 마음의 끝소리가
미련의 등을 타고 넘으며
침묵을 삼켰던 쓰디쓴 아픔들도
이젠 하얀 미소로 보낼 수 있다

이게 삶이었구나
그래 이것이야
나를 알고 너를 알고 우리 모두를 알고

새벽 바다의 노래

바다보다 커지는 그리움
바다보다 커지는 외로움
바다보다 커지는 아픔을
파도에 실어 보내는 시간이다
잠든 바다는 더 이상 춤추지 않았다
달빛 무늬에 젖은 모래에 그림만 그리고 있었다

저만치 보이는 어둠의 시간
바다의 노래는 다시 들리지 않았다
사라지는 파도와 바다를 붙잡고
힘겨운 노래를 목덜미로 넘기는 시간이
바다보다 더 깊은 고뇌에 찬 몸부림이다

희미한 안개가 걷히고
흩어졌던 바람은 다시 파도를 부른다
힘찬 곡조에 맞춰 바다는 다시
파도의 인생을 노래하고 있었다
새벽 바다는 하얀 꿈과 함께
작은 가슴을 찬란하게 태우고 있었다

비의 인연

가슴을 두드리며
떨어지는 빗방울은
처음이란 낯설음을
인연이란 빗물로 담아냈다

가슴 밑바닥을 적시며
길을 막고 쏟아지는 소나기는
무엇을 남기고 싶었던 것일까

인연을 잉태하는 눈물이었을까
조건 없이 피어나고 싶었던
한 떨기 꽃의 울부짖음이었을까

갈 수 없는 길을
인연이란 이름으로 길을 만들며
애틋한 사랑으로 빗물을 받아 가슴에 적셨다
넘친 물이 인연의 자국도 지울 수 있다고 믿으면서

끝자락에서

할 말이 많지만
계절의 끝자락에 서면
붉게 타다 넘어가는 노을이 그립다

끝자락에서 부는 바람은
언제나 진득한 냄새와
선한 눈물의 고요함이다
지는 꽃 뒤에 숨겨진 버거운 고통들

인생 끝자락에서 울림은
아쉬움에 가슴 조이는 숙제
속을 뚫고 타다 남은 장작이
연기를 뿜어 신호탄을 던지는 순간처럼
지나온 시간은
채우지 못한 안타까운 뿌연 미련

삶이여
다 타지 않은 잿더미에서
지금이라도
좀 더 가벼운 신발을 신어 보자
언제나 벗을 수 있는 편한 신발을

기 욱(基旭)

| 시 작 노 트 |

체온이 낮아진 바람이 창틈으로 들어와
같이 놀잔다
옷깃을 여몄더니 제 딴에 성질이 났을까
우르르 몰려와서 제법 서늘한 기운으로
대항하는 저녁
곰삭히던 글들 뒤적여
열다섯 번째 동인지 원고에 정을 들이댄다
난데 없는 망치질에 놀란 글들이 아우성친다
그러거나 말거나, 벗이 장에 가면
거름지고라도 따라가야지
동행이 있다는 것은 참 행복한 일이다
이천십칠 년에도 넉넉하고 속이 꽉 찬 동인지
기대해본다

바람 앞의 모정(母情)

기 욱(基旭)

산바람이 불면
상수리나무도 가문비나무도
한 방향으로 허리 숙여
그 바람 지나기를 기다립니다
근육질의 육중한 몸
곁가지 하나로
모진 세월 거스를 만큼
장대한 기골 타고났지만
껍질에 팬 주름마다
숱한 세월의 굳은살 박혀
여느 바람이면
상처 입고 달아나련만
허리 숙여 갈 길 내주는 것은
묵은 삶이 스스로 터득한
지혜일 테지요
아직 여물지 못한 여린 잎
혹여 바람의 해코지에
상처 입을까 먼저 아파 버린
모정이지요.

우체국 가는 길

우체국 가던 길에 문득
그 옛날 편지로 사귀던 친구가 생각났다

사는 곳도 생긴 모습도 모르면서
밤마다 마음속에 그리고 지우던 아이

하얀 편지지 가득 그리움 쏟아놓고
아침이면 겸연쩍을까 밥풀로 봉인하던

게으른 아침 해 문살을 두드리면
살평상 건너뛰던 조급증 난 떠꺼머리

시오리 현내 반듯한 이 층 건물
꽃그림 우표 사서 침 발라 붙이노라면
경험해 본 적 없는 입맞춤의 느낌

들뜬 마음 곱다시 담아 우체통에 넣었던
황순원의 소나기 뒷이야기

우체국 가는 길엔 습관처럼 생각나는
옥수동, 용계동 잊히지 않는
그리움이 된 아이들의 모습 있다.

신기료장수

허기진 삶들이 꿈 좇아 모여드는
오일장 언저리에 좌판 펴고 앉아
한 땀 한 땀 가난을 꿰매는 이

베잠방이 고무 냄새 흠씬 배도록
장사치들 악다구니 견디며
어제도, 오늘도 저 할 일만 할 뿐
세상 돌아가는 것엔 관심 둘 새가 없다

한 땀에 작은 아이 기성회비
한 땀에 큰 아이 혼수 걱정
식구들 야윈 얼굴 떠올라 또 한 땀
어둠살 덮이고도 한참
찌든 막걸리 냄새에 전다

둥지 찾는 밤새 소리도 잦아들 즈음
호롱 불빛 등대 삼아
시오리 산모퉁이 되짚어올 제

마중 나온 딸아이 조그만 어깨 위에
고즈넉이 내려앉은 달빛
고샅길 쓸며 푸른 새벽을 꿈꾸고
웅크린 초가 아랫목엔 지아비 기다리는 정이
개다리소반 가득 온기로 피어난다.

새벽의 경매

실물의 폐선이 몇 척 진열되어 있고
몇 날 잠 설친 사냥꾼들이 숨죽이고 섰다
소금기 낭자한 새벽
첨단의 감각으로 무장한 꾼들이
평범을 가장하고 원을 그린다
호각 소리에 실린 의미가 이들의 법전이다
옹알이 속에 숨은 숫자를 찾아
빠르게 튕겨지는 현마다
익숙한 음표들이 밝은 조명 아래로 나선다
길게 꼬리를 물던 복식 호흡의 끝
바코드에 찍힌 새벽잠의 가격이 뜨겁다
해감 되지 않은 부레를 부양시키는
마지막 불침번의 트럼펫 소리 명징하다
새벽에서 또 다른 날의 새벽까지 간격
심호흡 한 번의 거리다
넓이가 넓을수록 허기의 깊이는 수렁이다
호흡 선까지의 거리를 계산하여
요동치는 근육질의 날렵한 동작을 포박한다
올 때보다 가벼워진 엉덩이 무게

쏟아 부은 욕심의 무게만큼
아침의 무게가 줄었기 때문이다
사냥꾼들은 다시금 올무를 챙겨
생과 사의 길목을 노린다.

엄마의 선생님

교실 문을 열었어요
소독약으로 도배된 교실엔 창이 없어요
이웃의 말들은 창 없는 교실엔 올 수 없어요
반창고를 덕지덕지 붙인 냄새들이
병실을 지켜요
침상은 언제나 엄마의 등에 업혀
응석을 부려요, 바퀴는 침상을 졸라
날기를 원하지만
고소공포증이 있는 침상은 수영을 즐겨요
침묵 속으로의 유영은 늘 한가해요
엄마의 커튼이 열렸어요
쏟아지는 정보를 분석하던 연산장치가 헐거워요
어제 다녀간 수리공은 보이는 나사만 조였어요
반대편의 나사는 중력을 잃었어요
까마득한 블랙홀로 흡입되는 꿈을 꾸어요
새 작업복으로 단장한 아침이
전화를 해요
전화번호 자릿수마다 신용카드가 읽혀요
거식증을 앓고 있는 플라스틱이
엑스레이를 찍었어요

신선한 물을 팔겠다고 물장수가 왔어요
두레박 가득 담아 엄마의 초본 가득 채워요
깊이가 얕은 초본은 금방 포만을 느껴요
문이 닫히면 다시 수업이 시작돼요
철제 침상이 또 업어 달라 응석을 부려요
엄마의 손을 꼭 잡았어요
그리고 물었어요 "저 알아보시겠어요?"
엄마가 대답했어요 "예, 선생님"
그날의 일기는 여백뿐인 수채화였어요.

사흘이 지났습니다

낮은 구름 몰아 낸 뙤약볕의 몽니가
기세를 올립니다
그 뜨거운 노의 열기에 비하오리까마는
나약한 정수리 들이대며 앙탈을 부려봅니다
갯바위 하나가 거센 파도 막을 수는 없지만
모진 파도 견뎔 수는 있지요
어머님 안 계신 사흘
어쩌면 육신은 이율배반을 노골적으로 요구할까요
화장장 옆 혀 빼문 오동나무 노목
튼실한 자손에게 제 속 다 파주고
저는 앙상한 껍질만으로 세월에 항거합니다
그렇게 대항하다가 어느 비바람 모진 날
천둥처럼 울며 쓰러질지도 모르는데
그래도 제 몸 하나 건사하자고
자식을 바람 앞으로 내몰지는 않습니다
그러느라 얼굴에 검버섯의 꽃이 활짝 피는 것도
알 새가 없었습니다
저 오동 꼭 닮은 어머님을 보낸 지 삼 일
목소리가 싸리비처럼 갈라지고
눈물의 염도가 소태처럼 높아진 후에야

거친 어머님의 손등이 생각나
안티푸라민 바르듯 후회와 잊을 수 없는
어머님과의 시간들을 얇게 펴 발라봅니다
그리고 다시 채색합니다
여전히 목은 마르고 시원한 물의
목 넘김 그 청량감이 갈증인 듯 기억나
어머님을 불러봅니다.

두물머리 연가

검은 양수가 마르고 나면
하얀 입김 기도처럼 뱉어내는
두물머리 명당
찰나의 사냥꾼들 올무를 놓고 있다
호기심을 주렴으로 드리우고
밤을 헤쳐 달려온 그들에게는
날카로운 외눈박이 투망쟁이가 있어
여명의 갈피 뒤에 숨은 호흡
술래가 귀 열 듯 화각 열고
순간의 언어들을 화인으로 새긴다
그제야 다가오는 섣달 한기
나신의 감각으로 곱다시 견디며
백수의 멍에 필연인 듯 두른 채
예술이라 우겨대는 지루한 기다림
고단을 송두리째 욱여넣어
정점에서 정지시킨 무호흡의 시야
화소수를 한껏 늘여 쓴 짧은 편지
해독은 읽는 이의 몫
연필심에 침 발라 쓴 정성이면
아침은 늘 눈부신 뿌듯함으로
처진 어깨 위에 후광으로 머문다.

이 정 선

| 시 작 노 트 |

한때는 독서하는 시간마저 때로는 사치였다
이젠 그저 풀섶에 누운 채 사물을 사랑하며
내 안의 작은 것들을 조금씩 꺼내 놓으며
세상에 빚진 자로 하여금 빚 갚는데 일조를
하리라…

다른 것 다 내어 줄망정
글만큼은 자존감을 지키는 사람이 되자

큰 산이 내게로 왔다

이 정 선

먼곳에서 오는
당신의 인기척에도
내 가슴은 멈출 줄 모르는 희열
뜨거운 이상으로 짜릿한 전율
신기루에 가까운 큰 산이 내게로 다가올 줄이야

지극한 효성애
신들린 듯 혼이 살아 있는 작품 세계
마법의 성에 이끌리듯 환호성 연출하는 독자층
이름 석 자 언행일치로
뼛속 깊이 뿌리 내린 겸손

하늘에서 신이 내린 선물
풀숲에 누운 지 오래전
하나의 작은 미생물
사심없는 마음으로
손, 발이 되고 싶은
큰 산이
내게로 왔다

화려한 날

음덕쌓기에 힘쓰라 했거늘
척 짓기에 신바람 나듯
세상 겁 없이 달리는 것은
대물림의 연속인가
제것인 양 다 갈아 엎어치우듯
갈 데까지 간 욕망의 덫
천상천하 유아독존인 채 발악을 한다

풀숲에 누워본 적 없듯
거대한 욕망의 장벽
날선 감정의 도가니 속
아비규환 되어 하늘을 찌른다

분노한 하늘
벼락과 천둥으로
한 방에 휙 낚아채
꼼짝달싹 못 하게 묶어 버렸다
영원할 것 같은 욕망의 덫
포승줄에 묶여 추락하는 날개 되었네

스펀지의 사랑

무심한 세월의 허리띠를
옹색하니 틀어잡고
가쁜 숨 고르며 고개 돌려
염불을 하는 건가 싶더니
주름살 늘 듯 가야 할 길 틀어진 것인가
우지직 소리에 놀라 고통스러운 나머지
웃음마저 잃어버린 지금이여

더는 안 되겠다 싶은 것인지
차갑게 보이지만
숨는 일이 편해지고자
회색빛 건물 안으로 들어선 순간
요람처럼 포근하게 피부에 닿는 따스함

긴장의 찰나도 속절없이 무너뜨리듯
뼛속 깊은 곳을 뚫고
움을 트는 커다란 웃음
키는 하늘로
하늘로,
외모는 예술로

예술로,
혼이 서린 단아한 몸짓,
가려운 곳 절묘하게 긁는 족집게 도사

고요가 떠난 그 자리엔
우주를 먹어대는 꽃들이 만상(萬祥)처럼

봄소식

말라 비틀어진 나무들
세상 변화를 순응하고
기도를 마치고 나오듯
이제 기다림의 순간으로
시나브로 걸어 나온다

손끝 깊숙이 들어왔던
혹한에도 들려왔던 기도 소리
말라버린 생명을 구원해내듯
대지의 기운은 매달린
꽃망울 터트려 놓았다

설원 속 간구하였던 기도는
봄의 찬송이 되어
대지 위 아지랑이 되어 피어오른다

추억으로 그린 가족사진

꽃필 무렵
보물 1호는 영화배우
보물 2호는 다섯 살
보물 3호는 세 살

꽃이 질 무렵
보물 1호
세파에 짓눌려
흰머리 날리는 중년
보물 2호는 조각꽃 미남
보물 3호는 정우성 닮았다

간호사

시끌시끌한 인생의 공사판
요란한 신음 소리
질서는 무질서로
미소를 머금은 광명의 천사
달빛을 쏘다*
안정감 사라지고 초조한 모습
무딘 혈관 시련은 두 번
홍당무 된 얼굴
눈물로 후두둑 후두둑
잔잔한 감동

* 달빛을 쏘다 : 잠이나 졸음 따위가 심하게 밀려오는 것을 말함.

사랑방

간이 정류장 앞
향기가 있어서일까
자꾸만 기웃거려진다
잔잔한 클래식 음악이
진한 향으로 가슴에 팍
꽂힌다

어디 그뿐이랴
마중물 품어내듯
곳간에 있던 보물들
아낌없이 꺼내주는 정(情)

날이면 날마다
꽃무리 되어 삼삼오오
동네 사랑방으로 몰려온다

연 용 옥

| 시 작 노 트 |

오늘 얼마나 많은 뭇 생명들이 사라지고
태어났을까?
치열한 것 같으면서도 소리 없이 오고 간
그들을 애도하고 축하하며 오늘을 바라본다.

詩도 그러하다
죽어간 詩
살아 숨 쉬는 詩
이제 태어난 詩

生도 오면 가는 것, 서러울 것도 서운할 것도
없는
그저 순리 속의 편린
그 느낌을 가슴에 담아 한 줄 시로 엮어 본다.

이제는

연 용 옥

그 무엇에게도 감사하자

좋아하는 혹은 아닌
맛나고 그렇지 않은
사랑하고 미워하는
귀하고 소중한 또는 그렇지 않은
이런 모두가 있어야 할 있는 것들

그렇게 생각하고 인정했는데
이제는 이진법

내려놓고 비우며
아름답게 승화할 수밖에

이쯤에서
어찌 감사하지 않을 수 있나

지친 새를 위한 기도

지친 새 한 마리 있었다
그리 크지도 작지도 않은
그러나 참 재주 많은 새

처음 그를 보았을 때
두견보다 슬퍼 보이고
소쩍새보다 더 외로운
곧 스러져 버릴 것 같은 새

나는 경험도 없이
지친 새와 함께
새로운 세상을 찾아
험한 여정을 시작했다

그의 비상하는 미래를 위하여
날개와 다리가 되리라
조나단 리빙스턴 시갈
나의 기도는 계속될 것이다

잠시 눈을 붙여보자

새벽 세 시
방은 차갑고
청하는 잠은 오지 않는다

달빛은 창문을 지나
그 빈자리를 희미한 별들이
채우고 있었다는 것조차
한참 후에 알았다

마치 시선 저쪽에 있는 듯한
보이지 말아야 했던
그런 것들 중에 하나

존재를 부정할 수 없는
나는 누구인가
또, 짧은 휴식은 가고
이렇게 새날을 맞는다

올빼미 둥지를 말하다

하등동물 한 마리 산다
해가 뜨면 날지 못하는
무늬만 날짐승

그는 어둠을 기다리지
날쌘 비행으로
여리고 어린 존재들을 잡으려고

여기는 캄캄한 밤
해가 떠도 빛이 차단되는
올빼미 둥지가 있는 곳

그 약한 존재들은 옴짝달싹 못 하고
그저 처분만 바라며
굴복의 꼬리를 내린 채 퍼덕인다

나는 부처가 아니다

밝은 빛 찾아온 손님
참 싫다
죽여 버렸다

그의 이름은 나방

나 또한 누군가에게
불편했던 그가 아니었을까
혹시 몰라 잠자리에 들며
돌아보곤 한다

두려운 되돌림
사는 게 행복만은 아니더라
편찮은 오늘

관세음보살

참 좋은 사람

마음이 참 아름다운
사람이 있습니다
가까이 하고픈
정 깊은 사람이 있습니다

그는 누구에게나 편견을
갖지 않습니다
가까이 함께하고픈
사람이 있습니다

영월이 좋듯
나는 그이가 좋습니다

어리숙한 농사일에
성심으로 알려주고
확인하며 관심 주는
그 사람이 좋습니다

우리 동네 김반장님
그이가 참 좋습니다

죽은 시계

첫 달
열 번째 날이다

죽은 자 대신 살아줄 생명을 찾아
차를 몰았다

읍내 중앙만물
주머니 속
숨이 끊어진 건전지

"이런 것 있어요"
"아, 이거면 맞을 겁니다"

죽었던 시계가 말한다
18시 59분
다시 문명의 시대가 열렸다

통닭 한 마리
나도 양분이 필요한가 보다

김 복 녀

| 시 작 노 트 |

꽃이 피고 질 때 아름다움과 아쉬움
잘 사는 것 어찌 사는 것일까
언제나 저 자신에게 묻는 물음입니다
잘 하는 것 하나 없는 제가 글을 쓰면서
기쁨을 느끼고 즐거움의 노래를 부릅니다
한 자 한 자 써 내려가는 시 한 편
어렵고도 고된 일이지만 감사한 일입니다
가을의 문턱에서 아름다움을 간직하며
몇 년이 흐른 뒤 더욱 성숙해질 때가 오리란
희망을 꿈꿉니다
더욱더 열심히 살아야겠습니다.

고추잠자리

김 복 녀

천둥 번개 물러간 자리에
붉은 태양 얼굴 내밀면
남은 생 최선을 다하기 위한
힘찬 날갯짓을 한다

살아갈 날이 안갯속이고
바람에 흩어지는 먼지 같은데
정해진 운명의 길
한 줌 흙으로 돌아가기 전

초대받은 삶의 마당 잔치
불끈 뛰는 심장 잡으며
험난한 길 열렬히 살아온 날들
가슴 깊은 곳에서의 사랑

출렁거리며 달려가던
해와 달의 시간을 따라
새 생명 잉태의 씨앗은
생에 가장 값진 축복의 선물

잘 살았어

삶
그래
그렇게
아파하면서 살아가는 거지
내 앞에 펼쳐질 인생의 길을 알 수 없잖나
하지만

하루가 이토록 아름다운 것을
은빛 구름의 달콤한 속삭임과
여울지는 붉은 저녁노을
토닥토닥 위로하며
살포시 머물다 가는 바람
꽃보다 더 아름다운 사람들

곁에 머물다 떠나간 수많은 날
촛불처럼 반짝였던 아름다운 날들
천둥번개에 수없이 고뇌하며
초록의 향연을 펼쳤던 청춘이
어두운 터널 속 숨 가쁜 채
막막한 기로에서 흐느끼던 밤

내 손에 가진 것 없다 했으나
빈손이 아니었음을
채운 것이 없어 욕심부리고 살았으나
나 채워지고 또 채워진 것이 많았네
살아온 길 돌아보고 돌아보니
텅 빈 그릇만이 아니더라

기억력

한두 해 보고 만난 것도 아닌데
앞에 앉아 식사하는 친구의
이름이 생각나질 않는다

뭐지 뭐지 급해진 마음
퍼즐 맞추듯 맞추려는데
웬일인지 한 자도 떠오르지 않아

옆자리에 앉은
친구들의 이름을
한 명씩 되내이며 속으로 불러본다

한참을 생각나지 않아
아, 벌써 나도
속상한 마음에 속울음이 치돋고

식당을 살짝 빠져 나와
핸드폰을 여니
그제야 생각나는 친구의 이름

벌써 이러면 안 된다
정신 똑바로 잡고 살자
다시 친구의 이름을 불러본다

아닐 거야 아닐 거야
건망증이겠지
왠지 모를 야속한 마음 자릴 잡네

환희

저녁노을 붉은빛으로
온 하늘 덧칠하고

바람 실은 풀향기
내 곁에 멈추어 설 때

여름을 지휘하는 매미
높아지는 풀벌레 합창 소리

들리는 노랫소리에
마음 끌려 발걸음 옮기니

닿는 곳마다 불멸의 애가(愛歌),
사랑의 속삭임이어라

사랑할 꿈을 꾸다

먼 산 아지랑이
봄기운 휘감아 피어오르고
출렁출렁 은빛 물결
윤슬 되어 하늘과 맞닿았네

봄 내음 향긋한 어린 전령들
숨소리조차 가녀린 꽃멍울
물오르고 한 올 벗을 때마다
수줍은 미소가 가득

곱게 다문 입술
너울로 퍼져가는 들꽃 향연과
살알짝 눈 마주치면
어여쁜 생각시

환상의 나래 펴고
연분홍 옷으로 단장한
고운 임 찾아 꿈길 거닐
행복한 미소 짓고 있네

회상 속의 봄날

알알한 그리움
떠밀리듯 봄바람 밀려오면
옛사랑 기억하는 봄날
어느새 곁으로 와 있다

끝내 다하지 못한 사랑
훌훌 털어 버렸어도
가슴속 향기 품은
꽃으로 만개했네

선홍빛 물결을 이룬
사랑에 취해 쉽사리
마음 정리 못 하고
발걸음 떼어 나오니

살아 있는 이 순간
가장 큰 축복의 시간
화살촉 같은 세월 속에서
허우적거리며

함께했던 추억
무명의 도화지에 실어보나
그림 속에 그댄 언제나
환하게 웃고 있답니다

살아오는 동안
가슴 깊이 묻어버린 정취
당신은 변하지 않는 모습의
그리움으로 주위를 맴돌고

삼라만상은 말없이
날 품어 위로하나
추억 속 새겨진 그리움
쟁기질하는 마음 밭에 씨 뿌린다

봄비에 행복한 날

뚝뚝 뜨드둑
유리창에 기대어 내리는 봄비
산천초목 간질간질 목축임에
즐거운 비명 귓가를 맴돌고

턱 괴고 기다리는 마음에
활짝 웃는 미소로 다가오는 봄
꽃망울 부풀어 오는 모습으로
무지갯빛 얼굴 내민다

봄을 예찬하는 멜로디에
초록은 눈부심으로 부활하고
함부로 애틋하게 다가오는
뜨거운 봄날과의 사랑

봄비와 마음속에 얽혀 있던
시답잖은 수다 풀다 보니
봄날의 화신 가슴에 쌓이도록
가득 담아내고 있는 아름다운 날

이 정 석

| 시 작 노 트 |

어지럽고 힘든 세상에
꽃 한 송이 예쁘게 피어나
그 향기로
삶의 위안이 되어
세상 사람들 즐겁게 하듯이
우리가 창작한 시집 한 권이
메마른 세상의 따뜻한 감성을 되살리는
희(喜)스토리 매체가 되어
미래의 알찬 희망을 키워가는
서로의 기쁨을 나눔하고 소통하는
발로가 되길 기원해 봅니다
시인의 바다 파이팅!

물의 여행

이 정 석

어제의 달빛을 잃어버리고
마냥 흘러가다
태양의 귀인을 만나
제 갈 길 찾아가네

높은 둑을 넘어서
큰 나무도 한번 안아 보고
풀도 쓰다듬어 격려하며
먼 길을 떠나가네

어제의 달빛을 잃어버리고
마냥 흘러가다
태양의 귀인을 만나
제 갈 길 찾아가네

짧은 만남 속에
밭의 콩 옥수수 응원하다
논에서 벼를 만나
차 한잔하며 쉬어 간다네

직선의 빠른 길보다
삶의 유연한 굽잇길 지혜 터득해
자연의 아름다운 정겨운 소리 채우며
꿈속에 바다를 만나기 위해
오늘도 먼 여행길 떠난다네.

내비게이션

간만에 고향 가는 길
앞서간 마음을 억제하며
나보다 먼저 탑승한 내비양과 동승해
멋진 드라이브를 펼친다

음향기기 한 옥다브 크게 올리고
고속도로를 신나게 질주하다 목말라
혼자 커피를 마셨다고
내비양은 단단히 삐쳤나 보다

내가 아는 지름길도 있는데
억양을 높이며 먼 길로 돌아가라고 안내를 한다
나는
기어코 내비양 말을 거역하고
내가 아는 길로 직진했네

한참을 가다 보니
아뿔사 공사 중이니 돌아가란다
내 얕은 지식만을 믿고 달려온 걸 후회하며
차를 돌릴 수밖에

자고로
여자 말 잘 들어야 심신이 편하다는 걸 입증한
정유년 새해 초이튿날의 교훈이었다.

괴산대학 찰옥수수

새하얀 이 드러내고
환하게 웃는 내 고향 친구여

알알이 토해내는
그리운 옛 동심 향수에 눈을 감네

옥수수가 대학 나왔다고
으스대며 부르는 하모니카 연주곡

도레미파솔라시도
잘 다듬어진 팔 음계 박자 맞춘 노래

오늘도 변함없는 감칠맛에
나도 모르게 불러 보는 괴산 찬가여.

금낭화

양 갈래머리 곱게 빗고
볼 터지게 웃음 담은 그대여

새하얀 이 드러내며
주머니 주머니마다
큰 복을 가득 담아
그 누구에게 주려는가

거칠게 메말라 가는 힘든 요즘 세상

꼭
너 닮은 사람
하나쯤 있었으면 좋겠네

그랬으면
정말 좋겠다.

쑥 개떡

간만에 찾은 고향 나들이길
조상님이 계신 선산을 성묘하고
누님 집을 인사차 방문했다

정이 많은 우리 누님
다급한 마음에 쑥 개떡을 얼른 해 주셨다
옛 추억을 더듬는 별미에 심취돼
맛나게 먹다가 순간의 울컥함을 느꼈네
그 옛날 할머니가 손수건에 싸다 주셨던
쑥 개떡이 생각났기 때문이다

자신의 배고픔을 참아가며
오직 손자를 위해 드시지 못했던 쑥 개떡
나도 모르게 눈물이 주르르 흘렀네
나는 얼른 쑥 개떡과 막걸리를 챙겨
우리 할머님 산소를 다시 찾아갔네

그 옛날
나는 할머니 오시길 기다린 게 아니라
오로지 먹을 것만을 챙겼던 철부지였던 나

오늘은 준비 없는 쑥 개떡과 막걸리 한잔
보잘것없이 빈약한 60년 만의 데이트였지만
다음에는 거하게 한 상을 차리고
달콤한 케이크와 와인까지 준비를 잘해서
할머니랑 멋진 선산 데이트를 할 것이다

할머니 사랑 독차지하며 자란 떡보 손자
뒤늦은 후회 속에 철이 들어 족보를 뒤적이며
오늘도 나의 뿌리를 찾아가는 중이다.

유모차

내 아들이 타고 다녔던 유모차

새것이나 다름없어
남 주기는 아깝다는 생각이 들고
혹시나 생길 줄 모를
둘째를 위해
비닐로 포장해 잘 보관했다

어느 날부턴가
연로하신 할머니께서 몸을 의지하며
밀고 다니시는
활동의 필수품이 된 유모차

인생사 유행의 멋은
돌고 도는 것

우리 어머니 모습을 보면서
사람은 나이가 들면
어린 아이가 된다는 격언을
새로이 깨닫게 하는 오후였다.

바람

복중에
바람 일어
대추알 흔들리면

그대가
그리워서
찾아간 난 줄 알라

내 마음
꽃향기 담고
그대 찾아가리라.

시인의 바다 제15집 — 우리를 위한 독백

한국바다문인협회

인쇄 1판 1쇄 2017년 11월 24일
발행 1판 1쇄 2017년 12월 1일

지 은 이 : 한국바다문인협회
펴 낸 이 : 김천우
펴 낸 곳 : 도서출판 천우
등 록 : 1992. 2. 15. 제1-1307호
주 소 : 서울시 성동구 무학봉28길 6 금융빌딩 2F
전 화 : 02)2298-7661
팩 스 : 02)2298-7665
http://moonhak.wla.or.kr
E-mail : chunwo@hanmail.net

값 10,000원

ISSN 978-89-7954-692-7